당신은 나의 모든 전말이다

고영 시집

시인동네 시인선 244   고영 시집

당신은 나의 모든 전말이다

시인동네

시인의 말

내가 생각하는 새의 감정보다
새가 가진 감정이 훨씬 깊다는 것을 알았다.

이해, 라는 말에는 참 많은 뼈가 숨겨져 있다.

2024년 12월
고영

차례

시인의 말

제1부

가출 · 13

백지 · 14

병원 앞 · 16

동질감 · 18

유대감 · 20

면역력 · 22

보호자 · 24

기시감 · 26

상투적 · 28

당신의 책 · 30

우리는 점점 이 세상에 어울리지 않는
물질이 되어갑니다 · 32

동반자 · 34

오늘의 슬픔 · 36

아픈 새를 위하여 · 38

태초의 말 · 40

파우치 · 42

병원은 너무 모던해 · 44

난독의 얼굴 · 46

치명적 · 48

한 사람 · 49

내일의 슬픔 · 50

우리에게 · 52

제2부

당신은 나의 모든 전말이다 · 55

상실감 · 56

미시감 · 59

무중력 · 60

가질 수 없는 슬픔 · 62

이기적 · 64

상식적 · 65

채식주의자 · 66

전언 · 68

별점 · 69

관여자 · 70

세월 택배 · 72

방심 1 · 74

방심 2 · 75

이타적 · 76

유령들 · 78

이방인 · 79

후견인 · 80

쓸어내린다는 말 · 82

귀농 · 83

첫, 이라는 말 · 84

해설 당신이 없는 바로 그곳의 시 · 85
  오민석(시인·문학평론가)

제1부

가출

아주 평화롭게
식탁 위에 접시가 놓여 있었는데
어느 날부턴가 보이지 않았다
접시 속에 살던 새 한 마리도
함께 사라져 버렸다

그녀는
접시 속에서 혼자 살던 새마저도
자신의 생이 얼마 남지 않은 것을 알고
집을 나간 것이라고
도리어
미안해했다

백지

당신을 초기화시키고 싶었네.

우리가 세계와 만나지 않았던 순수의 시절, 나를 만나 가벼워지기 이전의 침묵으로 돌려보내고 싶었네.

당신은 보이지 않는 강박
보이지 않는 공포
영혼으로나 만날 수 있는 미래, 라고 했네.

아아, 당신이 옳았네.
아아, 당신이 옳았네.

문장 몇 개로 이을 수 있는 세계는 없었네. 오지 않는 답신은 불길한 예감만 낳을 뿐
내 흉측한 손은
보이지 않는 행간을 떠돌고 있었네.

고양이는 고양이의 방식대로 구르고

자갈은 자갈의 방식대로 구르고
펜은 펜의 방식대로 구르고

그러나 모두 근엄한 얼굴이었네.

가득 들어차서 오히려 불편한 자세로부터
당신의 미소를 꺼내주고 싶었네.
너무 깨끗해서 두려운
당신의 그 두근거리는 심장을 돌려주고 싶었네.

지금 내 머릿속엔 오직 당신이라는 프로그램만 실행 중이네.
다른 창은 띄우고 싶지 않네.

병원 앞

영생을 믿습니까
부활을 믿습니까

믿지 않을 이유를 찾을 수가 없어서

병원 앞 사거리에서
유인물을 읽는다

공중에 떠다니는 무량한 주기도문

진료는 의사에게
영생은 신(神)에게

처방전 움켜쥔 손에 자꾸 힘이 들어간다

가져선 안 될 사람과
가질 수 없는 사람이

만큼의 거리에서 기도문을 읽는다

행간에 오래 머물러
흩어지는 숨결들

동질감

큰 눈을 가진 사람과
면사무소 간다

단양에 살면서도
단양은 멀고

가는 봄비는
가는 봄비의 행방을 모른다

흰 민들레와 노란 민들레의 효능에 대한 사소한 실랑이 끝에
우리는
사실관계에 집중하기로 하고
손을 잡는다

배후(背後)를 자처했지만
배면(背面)의 슬픔만 지켜봐야 하는 무기력

전입신고를 했다
당신이 좋아하는 수선화와 함께
가는 비와 함께

그리고
우리는 조금씩
가까워지고 멀어진다

단양에 살면서도
단양은 여전히 멀고

유대감

돌이킬 수 없음, 에 대해
우리는 해명할 시간이 필요하다.

전부(全部)였거나 전무(全無)였거나
빛이었거나 어둠이었거나 요란했거나 과묵했거나 존경했거나 증오했거나 행복했거나 불행했거나 선했거나 악했거나 아름다웠거나 혹은 아름다움을 가장했거나 배타적이었거나 이타적이었거나

이 모든 사실들은 지극히
자의적인 해석

부산에서 단양까지의 간극 294킬로미터
그 거리가 지루하지 않았던 이유는
너의 짧은 생애처럼 벚꽃이 흩날렸기 때문
나의 슬픔처럼 비가 내렸기 때문

이것은 해명이 필요 없는

우리만의 관계

너무 많은 약(藥)을 나눠 먹으며
우리는 처음으로 인간답게 틈을 보인다.

너의 고통은 너의 진실
나의 고통은 나의 진실

돌이킬 수 없음, 에 대해
우리는 점점 대담해진다. 태어나면서부터 관계를 다 소진한 사람처럼 특별해진다.
생의 문외한처럼.

면역력

처음이자 마지막이었다.

당신은 의자에 잠겨 있었다. 의자 속에 무덤을 파고 부장품이 되어버릴 시를 쓰고 있었다.
훗날의 시집*이었다.

요람에서부터 이미 늙어버린 당신에게서
소녀를 꺼내야 했다. 하지만 소녀는 고집스러웠고 집요했으며 과거형이었고,
결정적으로
의자를 너무 사랑했다.

그랬다. 의자는 믿을 수 없는 세포로 이루어진 유기체였다.
우물보다 깊고
신앙보다 더 간절한 세계에서 당신을
꺼내주고 싶었다.

무언가 모색할 필요가 있다고 느꼈을 땐

나는 이미 늦어버린 것

한 번만 알아 달라는 말을
한 번만 안아 달라는 말로 오인(誤認)하며

손도 잡기도 전에 가슴을 먼저 만졌다. 차가웠다. 썩어 문드러진 소녀의 심장이 묻어났다.

우리는 끝내 관계를 맺지 못했다.

---

*배영옥 시인의 시 제목.

보호자

내겐 근엄한 표정이 필요하고
네겐 용기가 필요해

아침을 먹이고
약을 먹이고
우리는 에덴의 서쪽으로 산책을 간다

기껏 백 미터 걷는 데도
네겐 용기가 필요해
몇 걸음 못 가서 주저하고 자꾸 뒤를 돌아보는 근력

한 발짝만 더
바로 저기가 천국이야

한 발짝만 더

서쪽에 닿을 때까지
우리는 세상에서 가장 다정한 연인처럼

서로에게 녹아들어야 해

자 이제 다시 걷기
온몸이 투명해질 때까지 걷기

너의 의자가
너를 다 잊을 때까지 걷기

한 발짝이라는 그 머나먼 광년을 함께하기 위해서

내겐 근엄한 표정이 필요하고
네겐 용기가 필요해

기시감

한적한 시골 도로에
한적한 시골 버스가 지나간다

승객도 없고
아무런 감흥도 없이 지나가는 버스를 물끄러미—
말린 겨우살이를 손질하며 본다

겨우살이는 참나무에 얹혀살고
우리는 겨우살이에 얹혀산다

유난히 찬란한 봄볕 아래서
우리는 서로 간절하게 연결되어 있어야 한다
그것이
버스 안에서 호기심의 눈빛으로 우리를 내다보는 운전기사에 대한 배려

하루에 네 번
겨우 형체만 보여주고 사라지는 버스를 닮아가는 것인지

너는 단양에 온 후
정기적으로 미소를 꺼내 보여준다
그것이 최선이라는 듯

노후를 맞기도 전에
몸의 중심이 텅 비어버린, 그래서 앉는 것조차
불편한
의자에 묻혀

너는 버스의 종착지를 보고
나는 버스가 흘리고 간 매연(煤煙)을 본다

상투적

우리는
너를 단편적으로 기록할 것이다. 사실과
진실 사이 불가역(不可逆)에 대해
처방전과
처방 후의 증상을 관찰하듯이
관여자와 보호자 사이, 그 뛰어넘을 수 없는 관계에 대해

우리는
나를 단편적으로 기록할 것이다. 왼손과
오른손의 과실과
너의 상처를 어루만지던 감촉과
수선화를 죽인 수선화의 아름다움과
요오드 용액과
과산화수소수의 냉정함에 대해

태어나기 전부터
일생을
다 살아버린

사람처럼

우리는
빠르게 잊힐 것이다.

가지 않은 소풍을 여러 번 가본 아이처럼, 꽃을 보기 전에 꽃을 뽑아버린 사람처럼
우리는 오해되고
상투적으로
기록될 것이다.

당신의 책

책을 사랑합니다
그것만이 당신의 유일한 취미
당신이 외로운 건
책을 닮았기 때문입니다

책이 웃게 할 방법을 찾아 당신은 매일 골몰합니다
매일매일 책을 방문합니다
스스로 보호자가 되기를 마다하지 않습니다
그렇게 한 시절이 늙어버렸습니다
책과 함께 늙어버렸습니다

간혹 당신은 책의 내용보다 더 명확해져서
긴 각주를 달곤 했습니다
그것은 생애를 예감한 현자의 탄식처럼
오래 기억될 것이지만

외로움도 늙는다는 걸
당신이 터득하게 된 이후에 대해

책이 각진 이유에 대해
의문을 품은 적이 한두 번이 아니지만
그렇다고 둥근 책이
은혜로운 것은 아니었습니다

당신은 언제나
당신 생애의 내용보다 명확했으니,
이제 또 다른 세계에서 늙어가는 일만 남았습니다

우리는 점점 이 세상에 어울리지 않는 물질이 되어갑니다

한 움큼의 약을 집어삼키고
당신은 잠에 빠져듭니다
성난 통증의 뿔도 잠시 진정되는 듯합니다
독성에 체한 걸까요 성분에 취한 걸까요
다른 세계에 어울리는 사람처럼
도원(桃源)에 다다른 사람처럼 고통을 건너갑니다

약은 참 이상한 물질입니다
만질 땐 깃털처럼 부드럽다가도
삼킬 땐 쇠처럼 거칠어집니다
그래서 약을 먹을 땐 용기가 필요합니다
그래서 약을 건네주는 손이 따듯해야 합니다

당신이 처음 지경에 이르렀을 때
약의 신봉자가 되자 했지요
지금은 그 말에 대한 신의보다
약의 신의를 믿어야 할 때입니다
구원은 너무 멀어서 믿지 않지만

우린 약의 진정성을 믿어야 합니다
당신이 고통을 건너가던 그 모든 여적(餘滴)들
고통은 당신이 남긴 유산이 될 것입니다

그렇게 우리는 점점
이 세상에 어울리지 않는 물질이 되어갑니다

동반자

어제까지 긍정적이었던 사람이
오늘은 믿기지 않을 만큼 타인이 되어 있다
자신이 촉망받고 있었다는 사실조차
잊은 듯이

병색이 완연한 가면을 쓰고
너 아닌 누군가가
고통 속에서
너의 여생을 살고 있는 거 같다

빗방울은 점점 굵어지고
문밖에는 사자(使者)가 우글거리는데
무엇을 더 설명해 줘야 할까

우리 그냥
단순하게 가자

어제는 생을 사랑했지만

오늘은 사랑을 거둬야 하는 이유에 대해
서로 해명하지 말자
그런다고
가야 할 병원이 가까워지는 것도 아닌데

어차피 우리는
함께했던 날들보다 아파했던 날들이 더 많았다

너에겐 주석이 필요하고
나에겐 각색이 필요한 날들이 오고 있다

오늘의 슬픔

그리고

나는 사랑을 슬픔한다.

나는 너의 고통과 연결되어 있다. 짧은 머리칼과 부르튼 입술과 가녀린 목덜미와 초점 없는 눈빛과 연결되어 있다. 구부정한 몸과 검게 변한 오른쪽 가슴과 이지러진 얼굴과 연결되어 있다. 괴사가 진행되기 시작한 발목과 순간순간 거칠어지는 숨결과 연결되어 있다. 한 호흡의 생애와 한 움큼의 세계와 한 페이지의 유서와 연결되어 있다.

내 몸이 슬픔한다는 사실과 너의 고통과
연결되어 있다.

요오드 용액의 붉은빛과 투명한 과산화수소수를 사랑한다. 상처를 소독하고 슬픔을 소독하고 생을 소독하는 액체. 부기(浮氣)가 빠지지 않은 너의 몸은 스펀지 같다. 나의 슬픔은 스펀지 같다. 암세포들이 뱉어내는 타액들. 몸 밖으로 분출되는 어둠의 절규, 너의 절규들. 본연의 너는 돌아오지 않고 점점 악화되어 간다. 전이되는 어둠의 세포들…… 매일매일 북받치는 슬픔을 사랑한다. 내가 슬픔하고 있다는 사실을 사랑한다. 너의 고통을 사랑한다.

나는 슬픔에 중독되어 있다.

아픈 새를 위하여

속삭임이라도 꺼내봐
미소라도 날려봐

조금은 가벼워도 괜찮아
순결하지 않아도 괜찮아
노래가 아니어도 괜찮아

아픈 것이 부끄러움은 아니니
깃털 속에 뛰고 있는 심장 박동을 믿어봐

너 없는 공중은
투명한 폐허일 뿐이야

여긴 병원이 아니라
나는 너를 치료할 수 없지만

입을 맞춰줄게
부력을 채워줄게

너의 근력을 믿어봐
너의 의지를 믿어봐

태초의 말

무심결에 내뱉은 한숨이 착지할 곳을 찾아 헤맬 때
배고파—
밤새 기근에 허덕이던 세포를 깨우며
등 뒤에서 나지막이 들려오는
태초의 말

거짓도 없고, 부끄러움도 없고
체면도 다 내려놓은
가장 순수한 말

네가 남길 수많은 문장 중에서
가장 짧고
가장 긴 여운을 가진 말
배고파—

미음을 끓여 상을 차린다

미음은 애처로운 밥이라서

아니 고통과 친한 밥이라서
나는 좋아하지 않지만
너는 필사적이다

인중과
입술 사이에 묻은
밥풀같이

영원이 아니라서 더 오래 기억될 말
배고파—

파우치

호박즙 89팩

뜯지 않은 홍삼진액 100팩

오리 & 다슬기 36팩

『항암치료는 사기다』(곤도 마코토 著, 장경환 譯, 문예춘추사)

채송화 씨앗

향마약성진통제 160정

상황버섯 300그램

겨우살이 소량

냉동고 속 오리 한 마리

『굶지 말고 해독하라』(안드레아스 모리츠 著, 정진근 譯, 에디터)

대나무숯 한 가마니

요오드 용액 1L

『뭇별이 총총』(실천문학사) 12권

유고작 수백여 편

인터넷 미납요금 28,350원

이성복

체 게바라(Che Guevara)

아바나

이것이 당신이 내게 남긴 유산이다

병원은 너무 모던해

당신은 빠르게
병원으로 이송되었다

오천만의 인구 중에서
하필 당신이었다
그 사실을 인지하고 있는 이는 형제들뿐이었다
병원 입장에선
당신은 그저 일상의 한 부분에서
이탈한 사람이었다

구관(舊館)은 고풍스러웠지만
모던하였다
딱 당신 취향이었는데 응급실이 없었다
왠지 불길하였다
그러나 모처럼 날씨는 맑고
새소리도 들렸으며
다행히
대학병원이었다

당신은 빠르게
중중 환자로 접수되었다
비밀에 부쳐졌던 당신의 모든 것이
접수되었다
이런 상황을
한참 지난 후에나 수긍하게 되겠지만
지금 당장은
절대 안정을 취할 것

환자복이 모던하였다
당신이 처음 섹시해 보였다

난독의 얼굴

오늘의 얼굴이 어제의 얼굴을 복사한다
그것이 우리의 속성

무료하기 짝이 없는
지금까지의 질문과 세계를 건너뛰고
모든 관계를 의아해하면서

그래서 노을은 점점 붉어지고
그래서 나는 자꾸 너의 배후가 궁금해지고

적당히 늙어버린 타인과
끝내 교감하지 못할
우리의 목차

너의 얼굴을 읽고
너의 얼굴로 옮아가리라

지난날의 자아가

먼 훗날의 자아를 찾아가듯
서로에게 스며드는
얼굴의 번짐은 누구 탓인가

여전히 난독에 머물
우리의 얼굴은,

치명적

> 육체에 정신을 쏟는 것은 죽음을 의미한다
> ― 로마서 8:6

뱀이 뱀을 낳았고
수선화가 수선화를 낳았고
야훼가 야훼를 낳았다

그런데
죽음은 왜 보이는 것보다 가까이에 있는가

한 사람

측은한 눈빛으로 바라보는 나를, 더 측은한 눈빛으로 나를 바라보는 사람

오늘만은
내가 오히려 환자다

내일의 슬픔

그리고

나는 슬픔을 슬픔한다.

진화하는 슬픔
슬픔하는 모든 것을 사랑한다.
너에게선 흰민들레꽃 향기가 난다. 우리 사이에 피어 있는 꽃. 어둠을 밀어내는 꽃. 슬픔을 슬픔할 줄 아는 꽃. 저 꽃과 친해지고 싶다. 하지만 지금은 오직 한 슬픔에만 충실해야 할 때. 내가 슬픔한다는 것에 대해 집중할 때.

내일 아침의 슬픔에 대해 말하자.

토마토 덮밥과 토마토 주스와 오가피순 무침과 미역무침과 쌈당귀와 민들레 잎과 오리 로스…… 함께 아침을 먹고 나는 너의 적은 식사량에 대해 핀잔을 줄 것이다. 그리고 너는 토라질 것이다. 한 움큼의 약을 건네기 전 나는 사과를 깎고 아보카도를 손질할 것이다. 브라질너트 한 알의 힘에 기댈 것이다. 농담을 농담 같지 않게 지껄일 것이다. 그렇게라도 너의 웃음을 꺼내려 할 것이다.

하지만
모든 자명한 사실들은 변하지 않을 것이다.

우리에게

너라는 거처에서 나는 행복했고
너라는 안식을 얻어 나는 더 괜찮아졌으니

그것으로 되었다

제2부

당신은 나의 모든 전말이다

그제는 수선화를 심었다 하루 만에 꽃이 피기를 기대했지만 하루 만에 피는 꽃은 없었다 성급한 건 나 자신일 뿐, 꽃은 성급하지 않았다 질서를 아는 꽃이 미워져서 어제 또 수선화를 심었다 하루 만에 꽃을 보기를 기원했지만 하루 만에 민낯을 보여주는 꽃은 없었다 아쉬운 건 나 자신일 뿐, 꽃은 아쉬울 게 없었다 섭리를 아는 꽃이 싫어져서 오늘 또 수선화를 심었다 하루 만에 꽃이 되기를 나는 또 물끄러미 기다리겠지만 포기할 수 없는 거리에서 꽃은, 너무 멀리 살아 있다

한 사람을 가슴에 묻었다
그 사람은 하루 만에 꽃이 되어 돌아왔다

상실감

1.

백날을 함께 살고 일생이 갔다

엄마 무덤 곁에 첫 시집을 묻었다

훗날의 시집, 늦게 온 사람, 사과와 함께, 그림자와 사귀다, 위성, 암전, 또 다른 누군가의 추억으로 남을, 누군가는 오래 그 자리에 머물렀다, 뼈대의 감정, 여분의 사랑, 이상한 의자, 나는 왜, 거룩한 독서, 헛글에 빠지다, 애 인 들, 먼지처럼, 담쟁이를 위하여, 수치(羞恥), 자두나무의 사색, 뱀딸기, 재활용함, 자화상, 사람꽃, 작약꽃, 포도나무만 모르는 세계,

다음에, 다음에 또 올게요

나를 위한 드라마, 거울 속에 머물다, 훗날의 장례식, 멀리 피어 있는 두 장의 꽃잎, 마지막 키스, 불면, 날아갈 듯한, 귀, 눈물의 뿌리, 모란, 모란과 모반, 밥상 위의 숟가락을 보는 나

이, 사월, 유쾌한 가명, 다음에, 소음의 대가, 포시랍다는 말, 어느 발레리나의 오디션, 그냥 거짓말입니다, 해피 버스데이, 나도 모르는 삼 년 동안, 부드러운 교육, 꽃피는 가면, 우리의 기억은 서로 달라,

  의자가 여자가 되고 여자가 의자가 되기까지

  의자를 버리다, 시, 구름들, 나의 뒤란으로, 가나안교회는 집 뒤에 있지만, 햇볕에 임하는 자세, 적막이라는 상처, 수박, 누군가가 나를 외면하고 있다, 고봉밥이 먹었다, 행복한 하루, 벌레의 족속, 촛불이 켜지는 시간, 미자가 돌아왔다, 페이지 터너의 시간, 눈알만 굴러다니던 혁명 광장의 새처럼, 이상한 잠적, 비의 입국, 나는 나조차 되기 힘들고, 천사가 아니어서 다행인, 사하라, 나는 새들의 나라에 입국했다,

2.

  절반만 살고도

전부를 산 것처럼

여전히 아름답고
여전히 진행형인

한 사람 푸른 생애를 묶어

출판사에 보냈다

---

*기울임체는 배영옥 시인의 유고시집 제목과 차례.

미시감

누군가라는, 들들이 있었다.

들들의 안부는 대체로 편파적이어서
오히려 안심이 되었다.

이제 그만 단양을 뜰 때도 되지 않았느냐는
들들의 세계에서,

나와 관계 맺지 못한 수많은 들들의 세계에서

나는 여전히 안녕하신가?

무중력

한 사람이 남긴 고통의 문장들을 읽다가 온점에 이르지 못하고 설핏 잠이 들었다.
아주 얕고 삭막한 잠이었다.

꿈결에 나는 누군가의 온화한 목소리를 들은 것 같은데
그 목소리는 분명 실체를 가진 형상이었는데
새벽닭이 울자
홀연 사라져 버렸다.

지겨운 중력의 손아귀에서 벗어난 한 사람의 영혼이
새삼 지상이 그리워서 내 몸을 빌렸구나,
상투적으로 추측하고
상투적으로 아침을 먹었다.

눈에 가득 들어차 있지만
끝내 보지 못하고 흘려보냈던 문장들의 상실감에 대해
생각했다.
한 사람이 남긴 고통에 다다르기까지

나는 일관되게
불면이었으며 불운했다.

예고하고 찾아오는 슬픔이 두려웠다.
한 사람이 여러 사람의 형상을 하고 나타났다 사라졌다.
오래전에 종적을 감췄던
내 귓속의 유령이
다시
나타났다.

가질 수 없는 슬픔

수선화는 못 보고
꽃 다 지고 난 뒤 수선화 생각한다

영원의 기척 너머 잡히지 않는 배후에 대해, 내 것이 아니었던 그 모든 이면들에 대해,

언제부턴가 내 곁에선 꽃이 피지 않는다

그것은
꽃을 불러와
슬픔을 이야기하지 말라는 경고

그러니 현상으로 이해하기로 하자

수선화는 나와 무관한 세계
수선화는 너와 무관한 세계

결말을 향해 솟구치는 기린의 머리 또한 수선화와는 무관

하니 그렇게 이해할 것

  승객은 없고 기사만 있는,
  저 시골 버스의 상실감에 비하면 나의 생활은 아직 가질 수 없는 것이
  너무 많이 남아 있다

이기적

　한 마리 새가 날아오른 공중,
　그 눈부신 공중을 오래 올려다보다가 눈을 깜박거렸는데
눈물이 고이는 것이었다

　당신은 떠나서도 나를 지배하려 드는구나,

　참 일관성 있게 이기적이었으면서도
　끝까지 이기적인 사람아!

상식적

아직 단양에 계십니까?

넵!

미쳤군요.

감사합니다.

채식주의자

다정하다는 건 너무 가혹해, 라고 쓰고
차가운 안경알을 닦았다
언제나 냉정함을 잃지 않는 안경의 처세를 배우고 싶었다

현실은 조금 독해질 필요가 있다
일기예보나 오늘의 운세가 자주 틀리는 건
너무 다정했기 때문이다
그런 의미에서
지구는 너무 이기적이다
떠나는 사람에게만 무중력을 허용한다

핏물이 철철 흐르는 고기를 먹고 싶었다
채식은, 사람을 지나치게 온순하게 만든다

다정하다는 말
친절하다는 말
친구도 없고 적(敵)도 없는 그 말에
족쇄를 채우러

오늘은 외출을 할 것이다

나는 아직
나 자신에게만 다정하지 못했다는 느낌

미안하다
오늘은 내 사랑의 진부함에 대해 고민해봐야겠다
나는 온몸으로 당신을 사랑했지만,
나는 온몸으로 당신을 사랑했지만,

전언

현관문을 들어서다 무심코 밟은 편지 한 통을 주워 들고 반쯤 찍힌 발자국을 봅니다 참으로 오랜만에 보는 내 발자취로군요 한동안 자취를 돌볼 겨를이 없었는데 많이 야윈 얼굴입니다 소인은 나흘 전으로 찍혀 있군요 겉봉에 쓰인 단양 주소가 생경합니다 발신인은 이름 밝히기를 꺼려했군요 뭔가 부끄러운 내용이 있겠거니, 사무적인 우편물이 아니어서 우선 고맙습니다 잠시 소소한 흥분에 빠져봅니다 내용 없는 아름다움처럼* 궁금증은 꿈속에서나 풀어볼 생각입니다

---

*김종삼 시인 「북 치는 소년」에서 인용.

별점

평소 별점 보기를 좋아했지만
별점을 보고 나면
어김없이 별똥별이 쏟아져 내렸다

밤하늘은 단지 표면에 불과할 뿐이고
나는 미신을 믿지 않는다

저 별은 가짜다

당신이 가고
내겐 가짜 별만 남았다

관여자

한 사람이 지나갔다
그리고 또 한 사람이 지나갔다.

한 사람의 자세를 극단적이라고 생각했고
또 한 사람의 자세를 안정적이라고
단정했다.

지극히 주관적인 걸음걸이가 불만이었다. 최선을 다해 걷고 있었지만 무력해 보였다.
그것이 염려가 되었다.

극단적인 사람보다
안정적인 사람에게 눈길이 갔다.

무언가 몰두할 만한 현상이 필요한 한낮이었다. 마을회관 반대편으로 새들이 다투며 날아올랐는데
내 눈엔 너무 평화로워서
재미가 없었다.

한 사람이 무사히 시야에서 사라질 때까지
또 한 사람이 혹시라도 나를 뒤돌아봐 줄 때까지

주관적으로 생각하고
객관적으로 웃었다.

세월 택배

이것은
별도 주문하지 않아도
정기적으로 와

발송처는 없고
배송처만 있어

상자를 열어보면
검버섯 몇 개와 흰머리 몇 가닥
지렁이 몇 마리 그리고
기억을 파먹는 바이러스가
담겨 있어

수탁 거부하고 싶지만
방법이 없어,
일방적이야

상자를 받아 든 손바닥이

얼마나 피폐해질는지
아무도 몰라

유령의 선물이야
갑의 횡포야

안녕은 없고
책임만 있어

방심 1

한차례 소낙비 긋고 지나간 뒤
개여울 징검돌 위에 앉아 졸고 있는
어린 새를 본다

배 나온 여울물이
곧 들이닥칠지도 모르고
눈꺼풀에 앉은 땡볕이
제 눈 파먹는 줄도 모르고

날아야 하는 이유마저 잊은 채
물 위에 머리를 처박고 있다

젖은 날개가 너무 무거웠는지
공중이 벌써 지겨웠는지
일상이 귀찮았는지

아직, 채 여물지 않은 부리를
물에 빠뜨리고 있다

방심 2

복숭아 한입 가득 베어 물다가
그만, 벌레를 씹고 말았다

황급히 과육을 뱉어내고
입가에 묻은 피를 훔쳤다
소름이 돋았다

반 토막 남은 벌레가
복숭아 속에서 꾸물꾸물 기어 나와
황당한 얼굴로 나를 치어다본다

언젠간 너도
벌레에 먹힐 날이 올 것이다!

벌레를 씹은 나도
봉변을 당한 복숭아벌레도
놀라기는 피차 마찬가지였다

이타적

아침엔 아침의 일이 있고
저녁엔 저녁의 일이 있다

아무런 감흥도 없이 수선화를 심는다
수선화의 체온이 느껴지지 않는다

아침에 비가 오든 말든
나는 일상에 충실하고, 책을 읽고, 시를 쓰지만
문장에서 체온이 느껴지지 않는다

나는 점점 주석이 필요한 사람이 되어간다

어제 내가 날려 보낸 새들이 다시 돌아와
어제의 안부를 묻는다

저 새들은 과거를 날고 있어
현실감각이 없고

미래에서 온 너의 안부엔
그을음이 묻어 있다

유령들

아무 조짐 없이 불현듯 와. 수선화로 오고 제비꽃으로 와. 자꾸 눈길이 가. 생략된 말이 너무 많아. 그래서 궁금해. 그냥 관심이 가. 자꾸 만지고 싶어. 한낮에도 떠나지 않아. 자정에도 함께 있어. 위로를 구걸하게 돼. 그러나 냉정해. 곁을 주지 않아. 즉흥적이고 극단적이야, 극단적이길 바라. 편집이 안 돼.

이방인

잠에서 깨자마자 모기 세 마리를 죽였다
아침을 먹다가 파리 한 마리를 쫓아가 죽이고
책을 읽다 말고 작은 개미 여러 마리 엄지로 눌러 죽였다
바쁠 땐 보이지 않던 벌레들이
외로울 땐 잘도 보인다
벽 틈에 숨은 거미는 살충제를 뿌려 죽이고
딱정벌레는 딱밤을 때려 죽였다
천장 속에서 귀뚜라미가 우는데 계속 울게 놔두고
방충망 바깥에 들러붙은 사마귀는 쫓아 보냈다
살다 살다 어젠 작은 도마뱀이 운동화 속에서 발견되었다
집이 오래된 탓이다
내가 오래된 탓이다
외로움이 깊어질수록 벌레의 방문도 잦아질 것이다
이 모두가 한 사람을 떠나보낸 이후의 일이다
벌레는 외로운 사람을 내버려두지 않는다
외로운 사람은 벌레를 그냥 내버려두지 않는다

후견인

손톱을 다 깎고 나자
묵은 빚처럼,
발톱도 깎고 싶어지는 것이다

가끔 그럴 때가 있다

몹쓸 병이다
이건 분명 몹쓸 그리움이다
끊으려야 끊을 수 없는
오래된 기침처럼

폐허를 건너간 사람에게 미안해했던 적이 있다

상처 하나 없이
생살에 고이 덮여 있는데도
아픈 손가락들

자른 손톱을 땅에 묻지 않아도

손톱은 자란다

손톱의 표정은
그러나 의외로 따듯하다

사람들은 그것을 인내라 말하지만
나는 희생이라 부른다

쓸어내린다는 말

한 사람을 쓸어내린 적 있다

아비가 어미를 쓸어내리듯
기러기가 하늘을 쓸어내리듯
자작나무가 자작나무를 쓸어내리듯
빗자루가 지구를 쓸어내리듯
눈물이 눈물을 쓸어내리듯
쓸어내려야 할 것이
쓸어내려야 할 것들을 쓸어내리고 있다
연못이 파문을 쓸어내리듯
바다가 파도의 가슴을 쓸어내리듯
거짓이 거짓을 쓸어내리듯
밥알이 배고픔을 쓸어내리듯
기쁨이 슬픔을 쓸어내리듯

쓸어내려서 오히려 더 쓰라린 사람도 있다

귀농

오백 평 묵정밭에 죽어라 고구마 심는데

서울 사는 좀뭐 씨가 안부를 물어왔다

답했다
지금 맹렬히
후회를 심는 중이라고

첫, 이라는 말

새해 새아침
첫, 이라는 말을
입속에서 굴려보는 것만으로도
내 마음 금세 따뜻해지네

첫날, 첫걸음, 첫눈, 첫사랑, 첫정, 첫인상
첫딸, 첫날밤, 첫술, 첫국밥, 첫손, 첫인사……

하늘의 첫,
바다의 첫,
당신의 첫,

그렇게
한 사나흘 입속에 갇혀도 좋을 만큼
이 세상
첫, 마음으로 건너보고 싶네

해설

당신이 없는 바로 그곳의 시

오민석(시인·문학평론가)

당신이 없는 바로 그곳

 이 시집을 읽다가 새삼 그런 생각이 들었다. 글쓰기는 바로 "나의 모든 전말"인 당신이 부재하는 곳에서 시작된다는 것. 롤랑 바르트(R. Barthes)가 오래전에 『사랑의 단상』에서 짚어냈던 그 이야기. "글쓰기는 그 어떤 것도 보상하거나 승화하지 않으며, 글쓰기는 **당신이 없는 바로 그곳에** 있다는 것을 아는 것, 이것이 곧 글쓰기의 시작이다." 사랑이 우리가 원하는 바로 그 자리에 있다면, 결핍이 없는 당신이 존재한다면, 상상계의 판타지에서 우리가 빠져나오지 않았다면, 글도 없었을 것이다. 그러나 우리는 부재와 너무 친숙해서 부재의 자리에서 글쓰기가 시작된다는 사실을 자각하지 못한다. 그러나 '당신'이 '나의 모든 전말'이었는데 어느 날 그런 당신이 사라져 오로지 부재의 이름으로만 존재한다면, '나'는 글을 쓰지 않고는 못 배길 것이다. 이때 글이란 원고지나 컴퓨터 화면에 기호의 형태로 시각화된 것만을 의미하지 않는다. '당신'의 부재 때문에 '내' 마음 깊은 곳에서 어떤 독백이, 울음이 분명한 어떤 신음 같은 것이 흘러나온다면, 그것도 글이다. 글은 당신이 부재하는 곳에서 나오며, 부재의 밀도가 심할수록 밀도 있는 문장이 나오고, 가장 밀도 있는 문장이 시가 된다.

고영의 이 시집은 자신의 모든 전말이었던 사람이 사라진 자리에서 그 사람을 살려내는 이야기이고 살려내도 여전히 부재하는 그 사람을 다시 떠나보내는 이야기이다. 그리하여 이 시집의 시작이 부재라면 과정도 부재이며 종말도 부재이다. 이 시집은 용납할 수 없는 부재를 용납해야 하는, 터무니없는 현실에 대한 터무니 있는 이야기이다. 롤랑 바르트가 "잘 견디어낸 부재, 그것은 망각 외에는 다른 아무것도 아니다."고 했듯이, 잘 견디어낸 부재란 없으며, 만약 부재의 고통에서 벗어났다면, 그것은 잘 견뎌서가 아니라 잘 망각해서이다. 그러므로 이 시집은 끝내 견디지 못한 부재에 관한 기록이고, 고영 시인이 앞으로도 그 부재를 잘 견딜 확률은 높지 않으므로 그의 글쓰기는 계속될 것이다. 부재의 글쓰기는 오로지 망각의 때에만 중단된다.

한 사람이 남긴 고통의 문장들을 읽다가 온점에 이르지 못하고 설핏 잠이 들었다.
아주 얕고 삭막한 잠이었다.

꿈결에 나는 누군가의 온화한 목소리를 들은 것 같은데
그 목소리는 분명 실체를 가진 형상이었는데
새벽닭이 울자
홀연 사라져 버렸다.

지겨운 중력의 손아귀에서 벗어난 한 사람의 영혼이
새삼 지상이 그리워서 내 몸을 빌렸구나,
상투적으로 추측하고
상투적으로 아침을 먹었다.

눈에 가득 들어차 있지만
끝내 보지 못하고 흘려보냈던 문장들의 상실감에 대해
생각했다.
한 사람이 남긴 고통에 다다르기까지
나는 일관되게
불면이었으며 불운했다.

예고하고 찾아오는 슬픔이 두려웠다.

>   한 사람이 여러 사람의 형상을 하고 나타났다 사라졌다.
>   오래전에 종적을 감췄던
>   내 귓속의 유령이
>   다시
>   나타났다.
>
>   ―「무중력」 전문[1]

 망각하지 못한 부재는 부재가 아니다. 그것은 무의식처럼 끊임없이 돌아온다. 그런 부재를 잘 견뎌낼 수 없어서 "나는 일관되게/불면이었으며 불운했다." 부재는 사라진 과거나 현재가 아니다. 그것은 "예고하고 찾아오는 슬픔", 즉 반복해 도래하는 미래이다. 슬픔은 부재의 알리바이이고 부재의 끈질긴 부적(付籍)이다. 부재는 슬픔뿐만 아니라 "여러 사람의 형상"으로 옷을 갈아입고 "내 귓속의 유령"까지 깨우며 항상 "다시/나타"난다. 이 '다시 나타남'이 주체에게 부재를 계속 각인하므로 주체 안에서 부재는 현존이 된다. 시인의 글쓰기는 이 부재하지 않는 부재, 부재의 현존에서 시작된다.

 프로이트의 손자는 '포르트다(fort-da) 놀이'를 통하여 엄마의 부재를 견딘다. 실패를 던지며 '포르트'라고 외칠 때 엄마는

---

[1] 이하 시인의 이름을 생략한 시들은 모두 고영 시인의 시이고, 배영옥 시인의 시를 인용할 때만 시인의 이름을 표기한다.

멀리 사라지고, '다'라고 외칠 때 엄마는 돌아온다. 아이는 이렇게 상황을 상징화하면서 부재를 견디고 현존을 이해한다. 그러나 고영 시인의 부재는 부르지 않아도 오고 불러도 온다. 그것은 상징화를 영원히 거부하는 상상계이다. 그것은 주체와의 분리 자체를 불가능하게 만드는 거울상이다. 고영의 부재는 중력 없는 현존의 가능성을 보여준다. 그것은 중력/무중력의 이분법을 횡단하며 '나'와 '너' 사이의 거리를 없앤다.

나 돌아갈래, 거기 침묵의 자리로

이제 슬슬 이야기할 때가 되었다. 이 시집은 배영옥 시인의 유고 시집 『백날을 함께 살고 일생이 갔다』(문학동네, 2019)와 대화적 관계 혹은 상호텍스트성의 관계에 있다. 시인 배영옥은 2018년 6월 11일 지병으로 세상을 떴다. 그녀가 세상을 떠나기 전 몇 개월을 고영 시인과 함께했다. 말기 암 환자에게 가장 혹독했을 투병 생활과 마지막을 곁에서 지켜준 이가 바로 고영 시인이다. 그런데 정작 놀라운 점은 이들의 관계다. 지음(知音)이자, 동료이자, 손 한번 잡아보지 못한 연인일 뿐인 관계. 그러나 '아무 관계도 아닌 모든 관계'가 되어버린 관계. 그리고 6년여가 지난 이제야 고영 시인의 입에서 말이, 겨우, 흘러나온다. "보호자가 되고 싶었지만 끝내 관여자일 수

밖에 없었던 그런"(표4글) 관계였다고. 말할 수 없었던 지난 시절을 침묵의 시간이라 한다면, 고영 시인의 현재는 침묵과 대화하는 시간이다.

그러므로
함께 별을 바라본다는 건
타다 남은 잔해를 서로에게 보여준다는 의미

언젠가 찰나와 순간의 에너지를 폭발시켜
유성처럼 끝장을 보겠다는
결심

이것은
신(神)이 우리에게 질문을 던질 때부터
예정된 운명이자 수순,
파·멸과
파·탄의 시나리오

별의 시체를
몸속에서 꺼내어 네게 보여줄까?

죽음을 영접하기 위해서는 얼마나 오랜 연습이 필요한지

아무도 얘기해주지 않는데
왜 너만……

별을 향해 걸어갈 내 발자국에는
왜 검은 그을음이 묻어 있는지

훗날
네게만 말해줄게
          — 배영옥, 「암전—고영 시인에게」 전문

  살아생전에 때 이른 죽음과 이별의 불가피성을 인지하고 그것을 신이 예정한 "파·멸과/파·탄의 시나리오"라고 말하는 연인에게 뭐라 답을 해야 할까. 그 슬픔 앞에 어떻게 굴복해야 할까. 어찌할 수 없이 "유성처럼 끝장을 보겠다는/결심"을 시로 쓰는 연인을 차마 어떻게 영원한 부재의 자리로 보낼 수 있을까. 배영옥 시인에게 별은 멀리 있어 더욱 꿈꾸게 되는 미래가 아니라 끝장날 "유성"이고, 사람의 몸속에 "시체"로 들어와 있는 시간이다. 별을 바라보는 자는 그러므로 "암전"을 사유하는 자이고, 생의 불이 꺼져가고 있는 자리에서 "검은 그을음"의 냄새를 미리 맡는 자이다.

  당신을 초기화시키고 싶었네.

우리가 세계와 만나지 않았던 순수의 시절, 나를 만나 가벼워지기 이전의 침묵으로 돌려보내고 싶었네.

당신은 보이지 않는 강박
보이지 않는 공포
영혼으로나 만날 수 있는 미래, 라고 했네.

아아, 당신이 옳았네.
아아, 당신이 옳았네.

문장 몇 개로 이을 수 있는 세계는 없었네. 오지 않는 답신은 불길한 예감만 낳을 뿐
내 흉측한 손은
보이지 않는 행간을 떠돌고 있었네.

고양이는 고양이의 방식대로 구르고
자갈은 자갈의 방식대로 구르고
펜은 펜의 방식대로 구르고

그러나 모두 근엄한 얼굴이었네.

가득 들어차서 오히려 불편한 자세로부터

당신의 미소를 꺼내주고 싶었네.

너무 깨끗해서 두려운

당신의 그 두근거리는 심장을 돌려주고 싶었네.

—「백지」부분

    원하지 않았으나 이미 벌어졌고 돌이킬 수도 없는 사태를 운명이라 부른다면, 상징계야말로 운명의 공간이다. 누가 주체와 세계(대상) 사이의 분열이 없는 상상계를 떠나 상징계로 진입하기를 원했을까. 누가 언어를 애원했으며 언어 지배의 세계 안으로 들어가길 꿈꾸었을까. 누가 관계와 차이 속으로 들어가 의미 생산의 기계가 되려 했을까. 누가 별이 시체가 되는 현실을 원했을까. 상징계의 폭력에 직면한 주체가 갈 길은 오로지 두 가지뿐이다. 그 하나는 상징계 이전의 비언어, 침묵 혹은 "백지"의 세계로 돌아가는 것이고, 다른 하나는 상징계를 찢으며 실재계로 넘어가는 것이다. 문제는 전자가 오인(misrecognition)의 세계로 돌아가는 것이고, 후자는 죽음의 절벽으로 몸을 던짐으로써만 가능하다는 것이다. 그러므로 이 두 가지 길은 적어도 상징계 안에서는 모두 실행 불가능한 길이고 그런 면에서 없는 길이나 다름이 없다. 고영 시인은 단지 '~하고 싶다'라는 문장으로만 이루어질 수 없는 소망을 이야기한다. 그의 소망은 상상계로의 복귀이다. 고영은 "당신을 초기화"하고 싶고, "우리가 세계와 만나지 않았던 순수의 시절"로 돌아가고 싶어 한다. 그것은 모든 사건이 일어나기 이전, 문장과 의미가 생성되기 이전, 운명의 내러티브가 만들어지기 이전의 상태이다. 그것은 완벽한 침묵의 공간이며, 언어가 시작되지 않은 자리이고, 존재의 영도(零度) 상태이다. 그러나 그런 세계는 이미 지나갔거나 없다. 돌이킬 수 없는 세계를 만들려는 "흉측한 손은/보이지 않는 행간을" 헤맨다.

이것은 의자가 아니다

르네 마그리트(R. Magritte)가 담배 파이프를 그려놓고 그것에 "이것은 파이프가 아니다"라는 문장을 달았을 때, 그는 '이미지의 반역'을 설명하고 있다. 개라는 단어가 짖을 수 없는 것처럼, 이미지는 어떤 형태로든 실물이 될 수 없다. 그러므로 이미지를 숭배할 일이 아니다. 그러나 이미지 혹은 기호의 기능성 혹은 주술성을 깡그리 지우는 것도 만만한 일은 아니다. 상징계를 떠도는 기호들은 이미 권력을 갖고 있다. 상징계에선 실물이 그 자체로 존재하지 못한다. 모든 실물은 기호의 형태로 존재하며 기호가 곧 실물의 권력을 갖는다. 상징계에서 유일한 반역은—기호 자체를 버리는 것이 불가능하므로—기표를 그대로 두고 기의를 뒤집어엎는 것이다.

나는 끝내

의자 아래 묻힌 신전을 모를 것이고

의자 또한 나를 모를 것이고

의자 위의 사과는

나에게 관심조차 없는데

나는 오늘도 의자를 기다리는 사람

기억하지 말아야 할 것을

애써 소환하는 사람

의자를 관(棺)처럼 떠받드는 사람

오래도록 동행해야 할 목숨과

매일매일 불화하는 사람

짙어지는 어둠과

푸르른 이끼를 끌어다 덮는 사람

그러니 나날이 봉분을 쌓는 어지럼증이여

의자를 경배하라

나는 오늘도

또다른 누군가의 추억으로 남을

뿌리 깊은 의자에 묻히노니,

아무도 나를 찾지 마라

  —배영옥, 「또다른 누군가의 추억으로 남을」 전문

의자는 그 높낮이와 관계없이 어떤 권한이나 권력 혹은 지위가 앉는 자리이다. 조병화가 「의자」라는 시에서 "아침을 몰고 오는 어린 분"을 위해 "묵은 이 의자를 비워 드리겠"다고 했을 때의 의자가 그런 것이다. 이정록의 「의자」라는 시에서 의자는 아프고 힘든 사람들에게 위로와 도움이 되는 자리이다. 그리하여 그는 어머니의 입을 빌려 "싸우지 말고 살아라/결혼하고 애 낳고 사는 게 별거냐/그늘 좋고 풍경 좋은 데다가/의자 몇 개 내놓는 거여"라고 말한다. 배영옥의 의자는 앉을 수 없는 의자이고 무너지는 의자이며, 그 아래 죽음을 깔고 있는 의자이다. 배영옥 시의 화자는 의자를 "관(棺)처럼 떠받드는 사람"이다. 배영옥은 이제 다시는 앉을 수 없는 의자를 관으로 삼아 그 "아래 묻힌 신전"을 들여다본다. 그녀의 의자는 처음부터 텅 빈 의자이며, 죽음의 자리이고, 아무도 앉을 수 없는 의자이며, 오로지 "누군가의 추억"만을 소환하는 기호이다. 배영옥의 의자는 현존을 부재로 만들며 그것에 묻히는 것은 '소멸함'을 의미한다. 존재가 부재가 되어 사라진 의자엔 오로지 추억만 남는다. 그 "뿌리 깊은 의자"에 곧 묻힐 것을 아는 화자는 "아무도 나를 찾지 마라"고 주문한다.

처음이자 마지막이었다.

당신은 의자에 잠겨 있었다. 의자 속에 무덤을 파고 부장품이 되어버릴 시를 쓰고 있었다.

훗날의 시집이었다.

요람에서부터 이미 늙어버린 당신에게서
소녀를 꺼내야 했다. 하지만 소녀는 고집스러웠고 집요했으며 과거형이었고,
결정적으로
의자를 너무 사랑했다.

그랬다. 의자는 믿을 수 없는 세포로 이루어진 유기체였다.
우물보다 깊고
신앙보다 더 간절한 세계에서 당신을
꺼내주고 싶었다.

무언가 모색할 필요가 있다고 느꼈을 땐
나는 이미 늦어버린 것

한 번만 알아 달라는 말을
한 번만 안아 달라는 말로 오인(誤認)하며

손도 잡기도 전에 가슴을 먼저 만졌다. 차가웠다. 썩어 문드러진 소녀의 심장이 묻어났다.

우리는 끝내 관계를 맺지 못했다.

—「면역력」전문

고영의 "당신"은 의자 속으로 꺼져 들어간다. 의자는 그녀의 중력을 거역하지 않는다. 그녀의 의자는 그녀를 떠받치지 않으며 그녀보다 먼저 무너진다. 그것은 의자가 아니다. 그것은 자기를 해체하며 자기 위에 앉아 있는 그녀를 함께 해체한다. 그것은 거꾸로 흐르는 시간이다. 그것은 의자 이전의 먼 무(nothingness)의 상태로 돌아간다. 미래를 향해 흐르던 그녀의 시간도 의자의 시간에 편입한 순간 갑자기 거꾸로 흐른다. 돌이켜보면 그것은 "요람에서부터 이미 늙어버린" 모순의 시간이다. 지나온 생이 무너지는 의자와 함께 모두 무효화된다. 고영은 과거행 기차에서 "소녀"의 정거장에 그녀를 세우고 그녀를 다시 미래의 정거장으로 보내고 싶어 하지만, 원초적 죽음을 향한 그녀의 회귀를 아무도 막을 수 없다. "과거형" 시간은 이렇게 존재를 비존재로 되돌리며 가시적인 것을 비가시적인 것으로 만든다. 의자와 그녀의 시간 그리고 화자의 시간은 서로 역방향으로 흐른다. 이들 사이의 대화는 비대칭으로 어긋난다. 그녀가 뒤로 갈 때, 화자는 앞으로 가길 원하고, 그녀의 "한 번만 알아 달라는 말"은 "한 번만 안아 달라는 말"로 오인된다. "손도 잡기도 전에 가슴을 먼저" 만지는 행위는 오로지 교란된 시간의 궤도 안에서만 일어난다. 푸른 생명을 향한 화자의 손에 잡히는 것은 "썩어 문드러진 소녀의 심장"뿐이다. 화자와 그녀는 "끝내 관계를 맺지 못"할 수밖에 없다. 죽음의 기차와 생명의 기차가 정반대 방향으로 어긋날 때, 그런데 건너편의 기차가 "나의 모든 전말"일 때, '나'는 무엇을 견뎌야 하나. "면역력"은 견딜 수 없는 것을 견디는 힘이다.

백날을 함께 함께 살고 일생이 갔다:
진리 절차로서의 사랑

"우연은 결국 고정된다."는 말라르메(S. Mallarmé)의 말은 알랭 바디우(A. Badiou)에게 와서 "사랑의 선언은 우연이 고정되는 순간을 뜻한다."는 문장으로 바뀐다. 말라르메의 '우연'이 시에 관한 것이므로 바디우는 '우연이 운명이 되는 것'을 시와 사랑의 공유 문법으로 읽은 셈이다. 사랑이 선언되지 않을 때, 우연은 우연에 그친다. 그러므로 진정한 사랑은 마침내 선언되고 그렇게 해서 운명이 된 우연이다. 모든 사랑이 그렇듯이 고영과 배영옥의 관계도 처음엔 당연히 우연이었을 것이다. 배영옥의 아래 시를 보면 그들이 함께 산 것은 "백날" 남짓에 불과하다. 그런데 그 짧은 세월로 "일생이 갔다"면, 백날의 무게가 일생의 무게였다면, 이들의 사랑은 우연에서 운명으로 넘어간 것이다.

나의 미소가

한 사람에게 고통을 안겨준다는 걸 알고 난 후

나의 여생이 바뀌었다

백날을 함께 살고

백날의 고통을 함께 나누며

가슴속에 품고 있던 공기마저 온기를 잃었다

초점 잃은 눈동자로

내 몸은 각기 다른 방향을 향해 고개를 돌렸다

우리의 세상을 펼쳐보기도 전에

아뿔싸,

나는 벌써 죄인이었구나

한 사람에게 남겨줄 건 상처뿐인데

어쩌랴

한사코 막무가내인 저 사람을……

백날을 함께 살고

일생이 갔다

— 배영옥, 「여분의 사랑」 전문

 '사랑의 선언', '운명 같은 사랑' 같은 말들은 얼마나 달콤한가. 그러나 배영옥의 사랑이 운명이 되었을 때, 불행하게도 그녀는 이미 말기 암 환자였다. 바디우는 정치, 과학, 예술과 더

불어 사랑을 일종의 '진리 절차(truth procedure)'로 간주하였다. 사랑이 진리 절차인 이유는 그것이 발생하기 전과 발생한 후의 모든 것이 바뀌기 때문이다. 바디우에게 진리는 어떤 확정된 상태가 아니라 과정의 형태로 세계에 개입한다. 그것은 과정이므로 한 번의 '선언'으로 성취되지 않는다. "최초에 선언된 바로 그 사랑도, 역시 '다시 선언'되어야 한다." 왜냐하면 사랑은 애초에 진리의 모든 과정처럼 "격렬한 실존적 위기"이기 때문이다. 사랑 이전과 사랑 이후는 너무나 다르므로 모든 사랑은 그 자체 위기이다. 그러므로 진리 절차로서의 사랑은 계속해서 다시 선언된다. 배영옥은 불행의 행복, 고통의 미소, 죄 같은 사랑, 상처의 사랑 같은 모순어법으로 사랑을 다시 선언한다. 백날이 일생이라니. 그녀에겐 사랑의 시간도 모순의 언어이다. 그리고 그 모든 모순은 곧 도래할 죽음과 그것을 이겨내려고 "한사코 막무가내인 저 사람" 사이에서 생겨난다. 회피할 수 없는 운명을 희망의 우연으로 다시 바꾸어보려는 '한사코 막무가내인 저 사람'은 사랑을 어떻게 다시 선언할까.

그리고

나는 사랑을 슬픔한다.

나는 너의 고통과 연결되어 있다. 짧은 머리칼과 부르튼 입술과 가녀린 목덜미와 초점 없는 눈빛과 연결되어 있다. 구부정한 몸과 검게 변한 오른쪽 가슴과 이지러진 얼굴과 연결되어 있다. 괴사가 진행되기 시작한 발목과 순간순간 거칠어지는 숨결과 연결되어 있다. 한 호흡의 생애와 한 움큼의 세계와 한 페이지의 유서와 연결되어 있다.

내 몸이 슬프다는 사실과 너의 고통과
연결되어 있다.

요오드 용액의 붉은빛과 투명한 과산화수소수를 사랑한다. 상처를 소독하고 슬픔을 소독하고 생을 소독하는 액체. 부기(浮氣)가 빠지지 않은 너의 몸은 스펀지 같다. 나의 슬픔은 스펀지 같다. 암세포들이 뱉어내는 타액들. 몸 밖으로 분출되는 어둠의 절규, 너의 절규들. 본연의 너는 돌아오지 않고 점점 악화되어 간다. 전이되는 어둠의 세포들…… 매일매일 북받치는 슬픔을 사랑한다. 내가 슬퍼하고 있다는 사실을 사랑한다. 너의 고통을 사랑한다.

나는 슬픔에 중독되어 있다.

—「오늘의 슬픔」 전문

주디스 버틀러(J. Butler)에게 젠더는 어떤 고정된 상태가 아니다. 그녀에게 젠더는 존재(what you are)가 아니라 행위(what you do)이다. 그녀의 '젠더 수행성(gender performativity)' 개념은 그러므로 명사가 아닌 동사로서의 젠더의 성격을 설명한다. 고영 시인에게도 사랑은 명사가 아니라 동사이다. 고영은 "슬픔한다"는 수행성으로 사랑을 선언한다. 이것은 죽음을 앞둔 연인의 "고통과 연결"된 상태에서 나온 전적으로 새로운 의미의 사랑이며, 그런 점에서 진리 절차이다. 그는 오로지 "사랑을 슬픔한다." 사랑을 슬픔하는 것은 죽음을 앞에 둔 연인에게 할 수 있는 가장 큰 사랑의 행위이다. 심지어 그는 "슬픔에 중독되어" 있는데, 이것은 사랑의 수행성이 도달할 수 있는 가장 "외롭고 높고 쓸쓸한"(백석) 상태가 아니고 무엇인가.

너라는 거처

어떻게 하면 '나'의 거처가 '너'가 될 수 있을까. 프로이트는 정신분석학자답게 한 사람의 리비도가 온전히 타자에게로 전이된 상태를 '사랑'이라 정의하였다. '너'가 '나'의 거처인 것은 이렇게 한 사람이 가진 대부분의 에너지가 타자에게로 건너간 뒤에나 가능하다. 그러므로 고영 시인이 그린 풍경은 '나'의

풍경이 아니라 '너'의 풍경일 확률이 높다. 그는 슬픔에 중독된 상태에서 사랑을 슬픔하면서 '나'가 아니라 "너라는 거처"에서 밥을 먹고, 글을 썼다.

>너라는 거처에서 나는 행복했고
>너라는 안식을 얻어 나는 더 괜찮아졌으니
>
>그것으로 되었다
>―「우리에게」 전문

이 시의 모든 술어는 과거형이고 "너라는 거처"에서의 상태를 설명한다. 사랑을 슬픔하고 "슬픔을 슬픔"(「내일의 슬픔」)하는 것을 통해서 그가 내린 결론은 그런 수행성을 통하여 더 "행복했고" "더 괜찮아졌으니" 그것으로 충분하다는 것이다. 그러나 이 정도로만 이 시를 읽는다면 그것은 이 시의 표피적 이해에 머물러 있는 것이다. 이 시에서 ~하고 ~했으니 "그것으로 되었다"는 말은 이중의 목소리(dual voices)를 가지고 있다. 이 작품은 겉으로는 고영 시인의 목소리만 내고 있지만, "우리에게"라는 제목을 통하여 고영 시인의 목소리에 배영옥 시인의 목소리를 오버랩하고 있다. 그리하여 이 말은 고영 시인의 고백이면서 동시에 배영옥 시인의 고백이고 서로가 서로에게("우리에게") 하는 말이 된다. 이 시에서 '나'와 '너'는 언제든지 자리바꿈이 되는, 비극적인 사랑의 두 주체를 가리킨다. 발화 행위의 이중성을 만들어내는 이 절묘한 기법이 이 단순해 보이는 문장을 시로 만든다.

    호박즙 89팩
    뜯지 않은 홍삼진액 100팩
    오리 & 다슬기 36팩
    『항암치료는 사기다』(곤도 마코토 著, 장경환 譯, 문예춘추사)
    채송화 씨앗
    향마약성진통제 160정
    상황버섯 300그램
    겨우살이 소량
    냉동고 속 오리 한 마리
    『굶지 말고 해독하라』(안드레아스 모리츠 著, 정진근 譯, 에디터)
    대나무숯 한 가마니
    요오드 용액 1L
    『뭇별이 총총』(실천문학사) 12권
    유고작 수백여 편
    인터넷 미납요금 28,350원
    이성복

체 게바라(Che Guevara)

아바나

이것이 당신이 내게 남긴 유산이다

—「파우치」 전문

그리고 마침내, 그녀는, 세상을 떴고, "파우치" 안의 소품들처럼 그녀의 흔적들이 남았다. 죽음 앞에서도 "한사코 막무가내"였던 사내가 그것을 들여다보고 있다.

마지막 사랑의 재선언, 나의 모든 전말인 당신

사랑은 진리를 드러내는 사건이므로, 그 이전과 이후를 전혀 다른 현실로 만드는 진리 절차이므로, 재발명되어야 하고 재선언되어야 한다.

> 그제는 수선화를 심었다 하루 만에 꽃이 피기를 기대했지만 하루 만에 피는 꽃은 없었다 성급한 건 나 자신일 뿐, 꽃은 성급하지 않았다 질서를 아는 꽃이 미워져서 어제 또 수선화를 심었다 하루 만에 꽃을 보기를 기원했지만 하루 만에 민낯을 보여주는 꽃은 없었다 아쉬운 건 나 자신일

뿐, 꽃은 아쉬울 게 없었다 섭리를 아는 꽃이 싫어져서 오늘 또 수선화를 심었다 하루 만에 꽃이 되기를 나는 또 물끄러미 기다리겠지만 포기할 수 없는 거리에서 꽃은, 너무 멀리 살아 있다

    한 사람을 가슴에 묻었다
    그 사람은 하루 만에 꽃이 되어 돌아왔다
                  —「당신은 나의 모든 전말이다」 전문

아무리 심어도 피지 않는 꽃들이 있다. 그것들은 아직 '사건'이 아닌 꽃들이다. 진리 절차가 되지 못한 꽃들은 그저 통념일 뿐 세상을 바꾸지 못한다. 한 사람을 가슴에 묻고 나서야 꽃이 피다니. 사건은 멀고 진리 절차는 아무에게나 일어나지 않는다. 그의 모든 전말이 사라지고 나서야 시인은 꽃을 보았다.

시인동네 시인선 244

당신은 나의 모든 전말이다
ⓒ 고영

초판 1쇄 발행	2024년 12월 2일
초판 3쇄 발행	2024년 12월 20일
지은이	고영
펴낸이	김석봉
디자인	헤이존
펴낸곳	문학의전당
출판등록	제448-251002012000043호
주소	충북 단양군 적성면 도곡파랑로 178
전화	043-421-1977
전자우편	sbpoem@naver.com

ISBN 979-11-5896-675-1 03810

*이 책의 판권은 지은이와 문학의전당에 있습니다.
*양측의 서면 동의 없는 무단 전재 및 복제를 금합니다.
*잘못 만들어진 책은 바꿔드립니다.